Impressum
Verlag: BABADADA GmbH, Nedderfeld 112 , 22529 Hamburg
Geschäftsführer / Verlagsleitung: Harald Hof
Druck: Books on Demand GmbH, In de Tarpen 42, 22848 Norderstedt

Imprint
Publisher: BABADADA GmbH, Nedderfeld 112 , 22529 Hamburg, Germany
Managing Director / Publishing direction: Harald Hof
Print: Books on Demand GmbH, In de Tarpen 42, 22848 Norderstedt, Germany

sekolah

escola

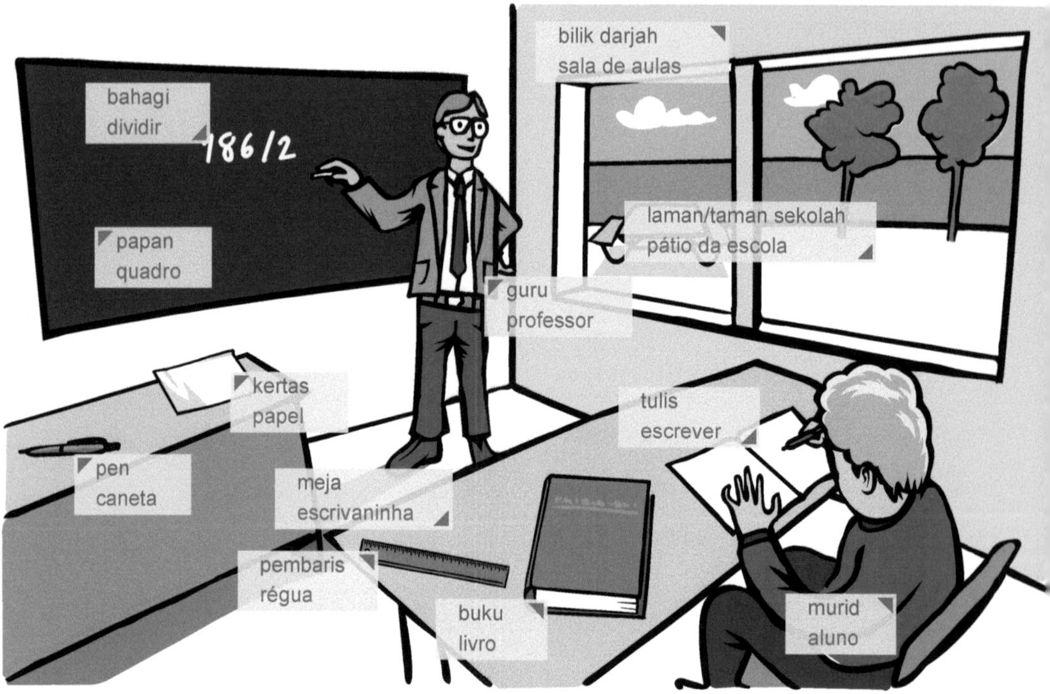
bilik darjah
sala de aulas
bahagi
dividir
186/2
papan
quadro
laman/taman sekolah
pátio da escola
guru
professor
kertas
papel
tulis
escrever
pen
caneta
meja
escrivaninha
pembaris
régua
buku
livro
murid
aluno

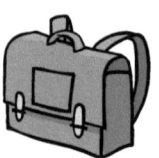

beg galas
sacola

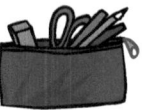

kotak pensel
estojo de lápis

pensel
lápis

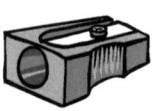

pengasah pensel
apontador de lápis

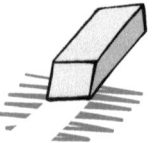

pemadam
borracha

kertas lukisan
bloco de desenho

melukis

desenho

berus lukis

pincel

kotak warna

estojo de tintas

gunting

tesoura

gam

cola

buku latihan

livro de exercícios

kerja rumah

lição de casa

12

nombor

número

2+2

tambah

somar

5-2

tolak

subtrair

2×2

darab

multiplicar

kira

calcular

A

huruf

letra

ABCDEFG
HIJKLMN
OPQRSTU
VWXYZ

abjad

alfabeto

hello

kata

palavra

teks

texto

baca

ler

kapur

giz

pelajaran

hora

daftar

registro da classe

peperiksaan

exame

sijil

certificado

uniform sekolah

uniforme escolar

pendidikan

educação

ensiklopedia

enciclopédia

universiti

universidade

mikroskop

microscópio

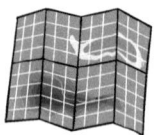

peta

mapa

bakul sampah

cesto de lixo

berjalan
viagem

hotel
hotel
Grand
asrama
albergue
ROOMS
EXCHANGE
pejabat tukaran mata wang
casa de câmbio
beg pakaian
mala
kereta
carro

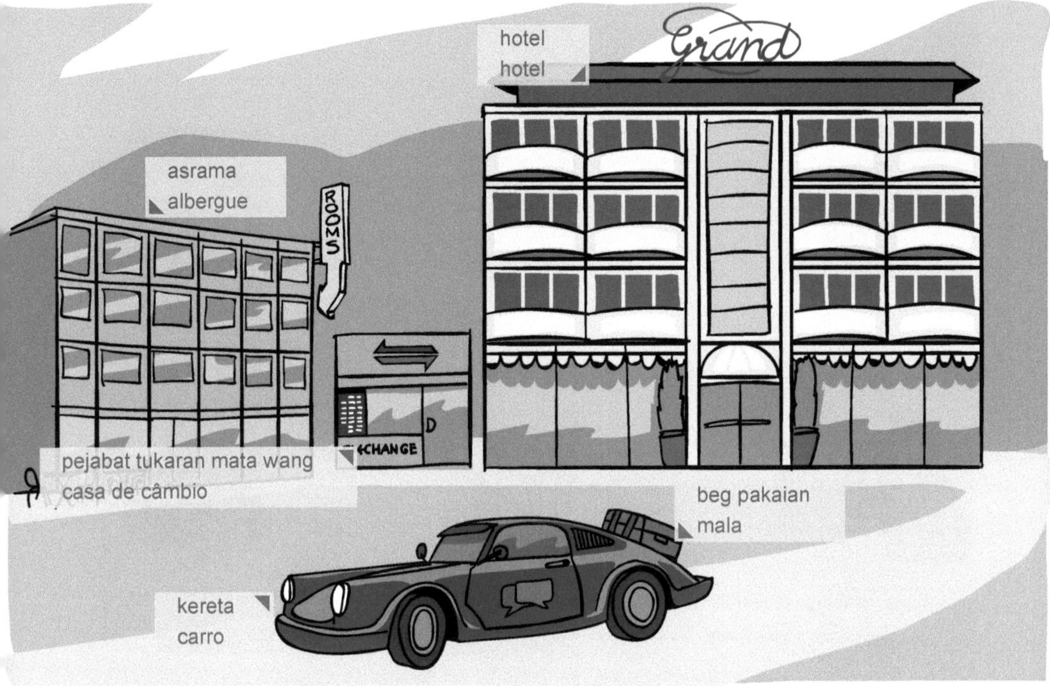

bahasa

idioma

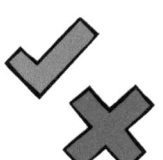

ya / tidak

sim / não

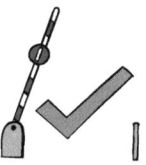

okey

ok

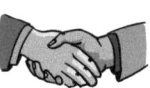

helo

Olá

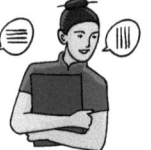

penterjemah

tradutor

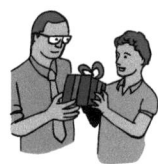

Terima kasih

obrigado

berapa banyak…?

quanto custa…?

saya tidak faham

eu não entendo

masalah

problema

Selamat petang!

boa noite!

Selamat Pagi!

Bom dia!

Selamat Malam!

Boa noite!

selamat tinggal

até logo

arah

direção

bagasi

bagagem

beg

bolsa

beg galas

mochila

tetamu

convidado

bilik tidur

quarto

beg tidur

saco de dormir

khemah

barraca

maklumat pelancong

informação turística

pantai

praia

kad kredit

cartão de crédito

sarapan

café da manhã

makan tengah hari

almoço

makan malam

jantar

tiket

bilhete

lif

elevador

setem

selo

sempadan

fronteira

kastam

alfândega

kedutaan

embaixada

visa

visto

pasport

passaporte

pengangkutan
transporte

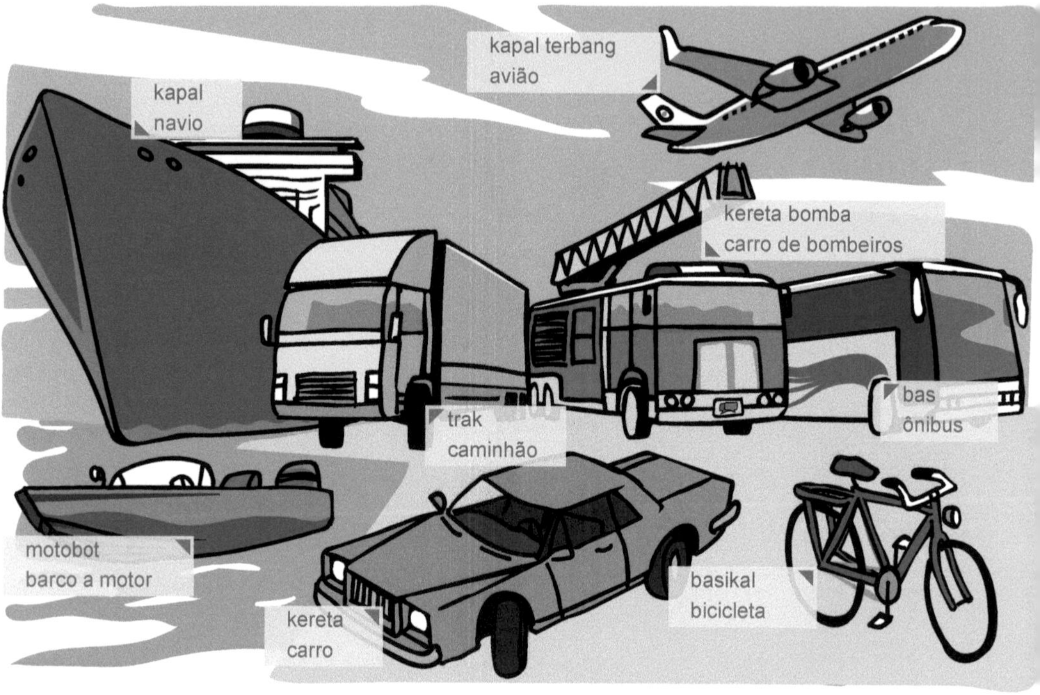
kapal terbang
avião
kapal
navio
kereta bomba
carro de bombeiros
bas
ônibus
trak
caminhão
motobot
barco a motor
basikal
bicicleta
kereta
carro

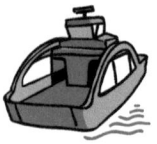

feri
balsa

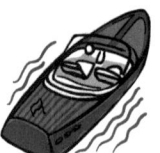

bot
barco

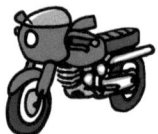

motosikal
motocicleta

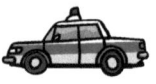

kereta polis
veículo policial

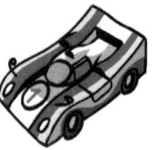

kereta lumba
carro de corrida

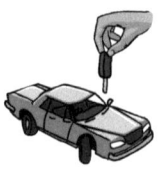

kereta sewa
carro de aluguel

berkongsi kereta

compartilhamento de automóvel

trak tunda

caminhão de reboque

trak menolak

caminhão de lixo

motor

motor

bahan api

combustível

stesen minyak

posto de gasolina

tanda trafik

placa de trânsito

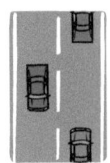

trafik

trânsito

kesesakan lalu lintas

trânsito lento

tempat parkir

estacionamento

stesen kereta api

estação de trem

trek

trilhos

kereta api

trem

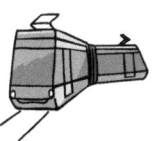

trem

bonde

gerabak

vagão

helikopter

helicóptero

lapangan terbang

aeroporto

Menara

torre

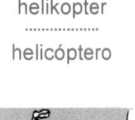

penumpang

passageiro

bekas

contêiner

kadbod

cartolina

kart

carroça

bakul

cesto

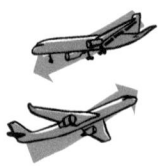

berlepas / mendarat

decolar / pousar

bandar
cidade

kampung

vilarejo

pusat bandar

centro da cidade

rumah

casa

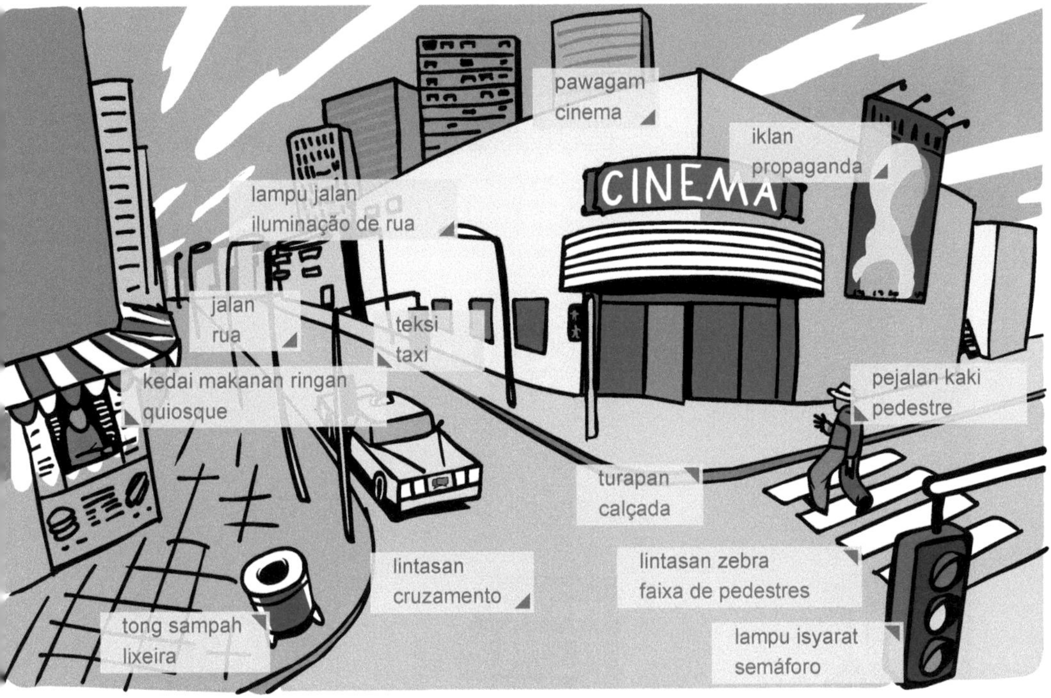

pawagam
cinema

iklan
propaganda

lampu jalan
iluminação de rua

jalan
rua

teksi
taxi

kedai makanan ringan
quiosque

pejalan kaki
pedestre

turapan
calçada

lintasan
cruzamento

lintasan zebra
faixa de pedestres

tong sampah
lixeira

lampu isyarat
semáforo

pondok
cabana

flat
apartamento

stesen kereta api
estação de trem

dewan bandar
prefeitura

muzium
museu

sekolah
escola

universiti

universidade

bank

banco

hospital

hospital

hotel

hotel

farmasi

farmácia

pejabat

escritório

kedai buku

livraria

kedai

loja

kedai bunga

floricultura

pasar raya

supermercado

pasaran

mercado

gedung

loja de departamentos

penjual ikan

peixaria

pusat membeli-belah

centro comercial

pelabuhan

porto

taman
parque

bangku
banco

jambatan
ponte

tangga
escadas

bawah tanah
metrô

terowong
túnel

hentian bas
ponto de ônibus

bar
bar

restoran
restaurante

peti surat
caixa de correspondência

papan tanda jalan
placa de rua

meter parkir
parquímetro

zoo
zoológico

kolam renang
piscina

masjid
mesquita

ladang
fazenda

pencemaran
poluição

tanah perkuburan
cemitério

gereja
igreja

taman permainan
parquinho

kuil
templo

landskap
paisagem

daun
folha

tiang tanda
placa de sinalização

jalan
caminho

padang rumput
gramado

batu
pedra

pokok
árvore

pejalan kaki
caminhantes

sungai
rio

rumput
grama

bunga
flor

lembah

vale

bukit

montanha

tasik

lago

hutan

floresta

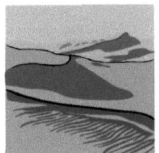

padang pasir

deserto

gunung berapi

vulcão

istana

castelo

pelangi

arco-íris

cendawan

cogumelo

pokok kelapa sawit

palmeira

nyamuk

mosquito

terbang

mosca

semut

formiga

lebah

abelha

labah-labah

aranha

kumbang

besouro

katak

sapo

tupai

esquilo

landak

ouriço

arnab

lebre

burung hantu

coruja

burung

pássaro

angsa

cisne

babi jantan

javali

rusa

veado

moose

alce

empangan

barragem

turbin angin

aerogerador

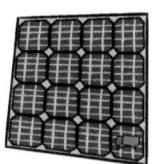

panel solar

painel solar

iklim

clima

restoran

restaurante

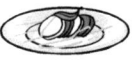

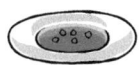

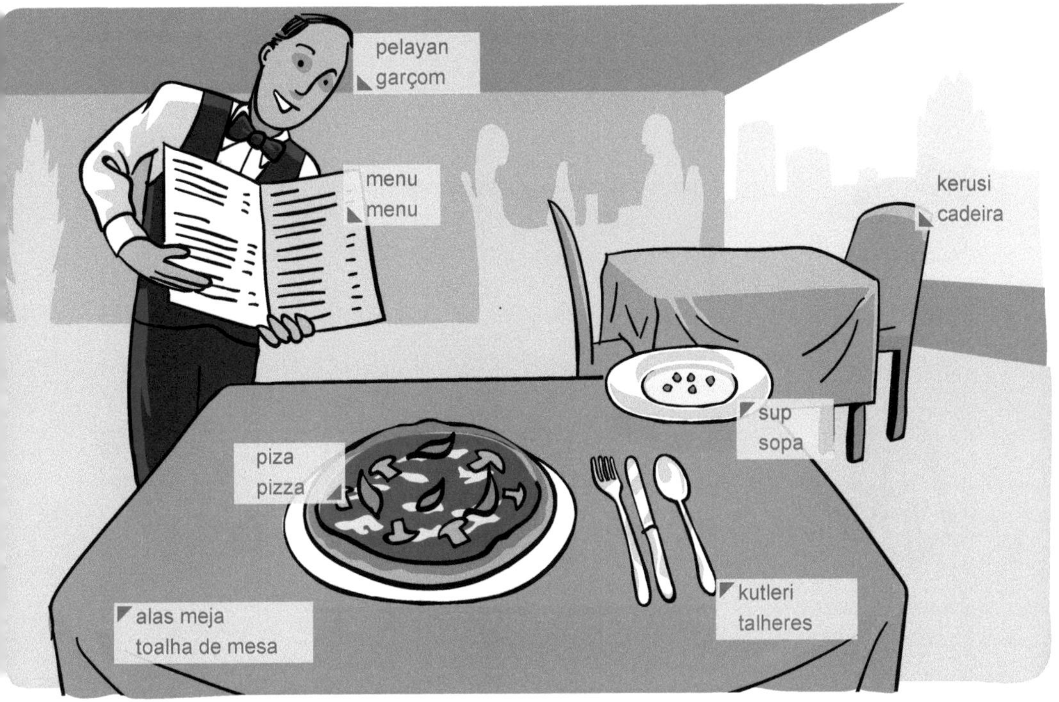

pelayan
garçom
menu
menu
kerusi
cadeira
sup
sopa
piza
pizza
kutleri
talheres
alas meja
toalha de mesa

pemula

entrada

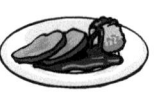

hidangan utama

prato principal

pencuci mulut

sobremesa

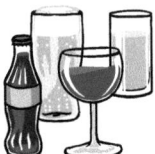

minuman

bebidas

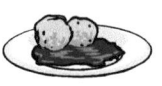

makanan

comida

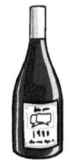

botol

garrafa

makanan segera
fastfood

makanan jalanan
comida de rua

teko
bule de chá

mangkuk gula
açucareiro

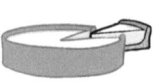

bahagian
porção

mesin espreso
máquina de expresso

kerusi tinggi
cadeirão

bil
conta

dulang
bandeja

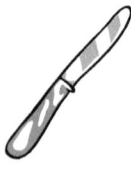

pisau
faca

garfu
garfo

sudu
colher

sudu teh
colher de chá

serviette
guardanapo

gelas
copo

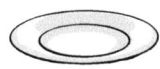

pinggan

prato

mangkuk sup

prato de sopa

piring

pires

sos

molho

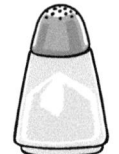

tempat garam

saleiro

pengisar lada

moedor de pimenta

cuka

vinagre

minyak

óleo

rempah

especiarias

sos

ketchup

mustard

mostarda

mayones

maionese

pasar raya
supermercado

tawaran istimewa
oferta especial
FOR
pelanggan
cliente
tenusu
laticínios
buah-buahan
frutas
troli
carrinho de compras

BUTCHERS

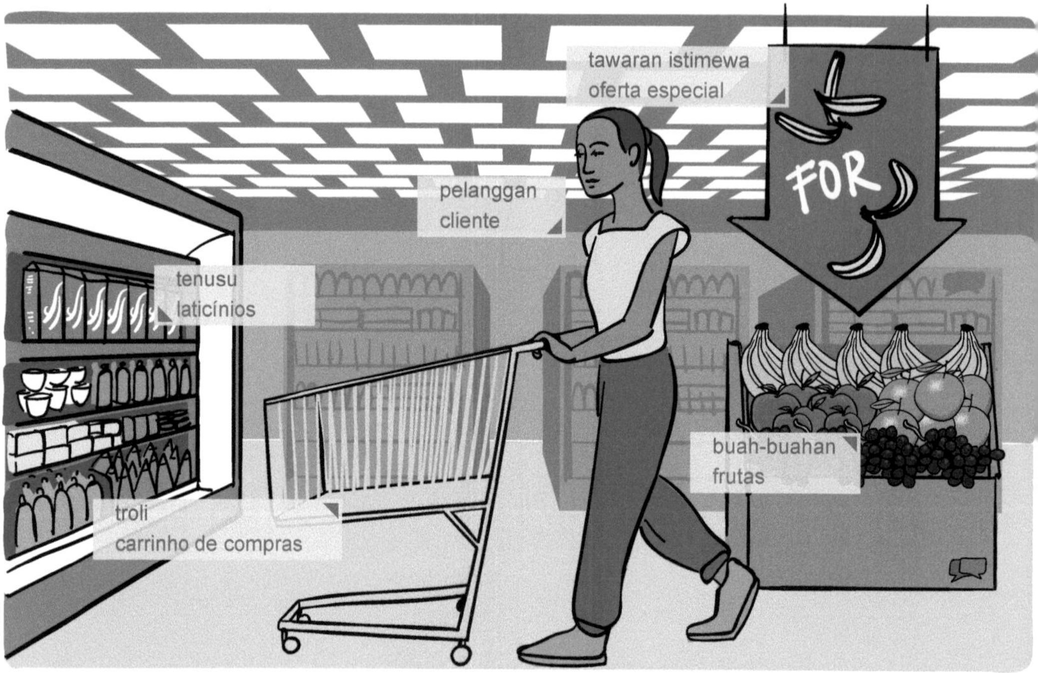

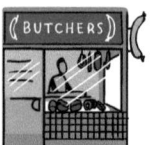

tukang daging
....
açougue

BAKERY

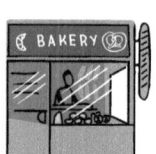

kedai roti
....
padaria

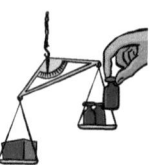

berat
....
pesar

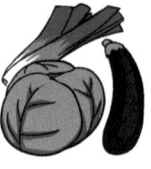

sayur-sayuran
....
legumes

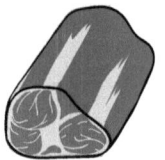

daging
....
carne

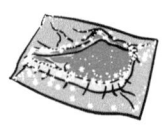

makanan sejuk beku
....
congelados

daging sejuk

charcutaria

makanan dalam tin

conservas

serbuk pencuci

detergente em pó

gula-gula

doces

produk isi rumah

artigos domésticos

produk pembersihan

produtos de limpeza

orang jualan

vendedora

daftar tunai

caixa

juruwang

caixa

senarai membeli-belah

lista de compras

waktu pembukaan

horário de funcionamento

beg duit

carteira

kad kredit

cartão de crédito

beg

sacola

beg plastik

saco plástico

air

água

jus

suco

susu

leite

kola

coca-cola

wain

vinho

bir

cerveja

alkohol

álcool

koko

cacau

the

chá

kopi

café

espreso

expresso

kapucino

cappuccino

pisang

banana

epal

maçã

oren

laranja

tembikai

melão

lemon

limão

lobak merah

cenoura

bawang putih

alho

buluh

bambu

bawang

cebola

cendawan

cogumelo

kacang

nozes

mi

macarrão

spageti

espaguete

nasi

arroz

salad

salada

kerepek

batatas fritas

kentang goreng

batatas frias

piza

pizza

hamburger

hambúrger

sandwic

sanduíche

kutlet

escalope

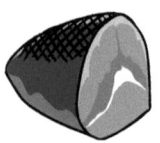

ham

presunto

salami

salame

sosej

salsicha

ayam

galinha

panggang

assado

ikan

peixe

bubur oat

flocos de aveia

muesli

granola

emping jagung

flocos de milho

tepung

farinha

kroisan

croissant

roti roll

pãozinho

roti

pão

roti bakar

torrada

biskut

biscoitos

mentega

manteiga

dadih

requeijão

kek

bolo

telur

ovo

telur goreng

ovo frito

keju

queijo

ais krim

sorvete

gula

açúcar

madu

mel

jem

geleia

krim nougat

creme de avelãs

kari

curry

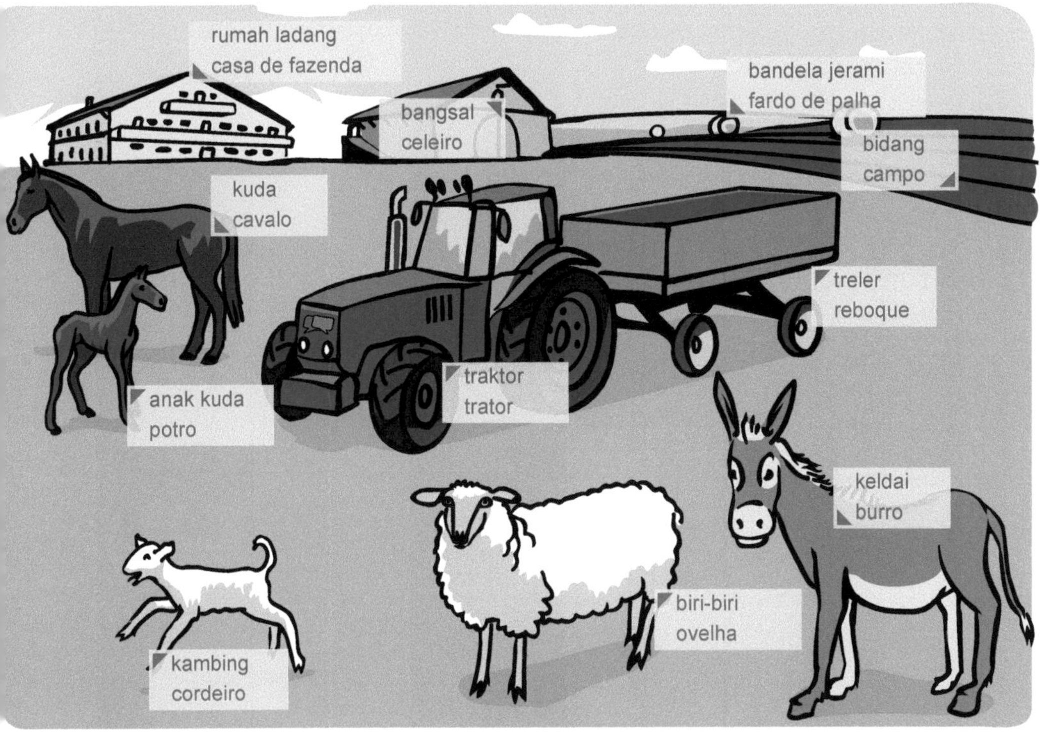

rumah ladang
casa de fazenda

bandela jerami
fardo de palha

bangsal
celeiro

bidang
campo

kuda
cavalo

treler
reboque

anak kuda
potro

traktor
trator

keldai
burro

kambing
cordeiro

biri-biri
ovelha

kambing

cabra

lembu

vaca

anak lembu

bezerro

babi

porco

anak babi

leitão

lembu

touro

angsa
ganso

itik
pato

anak ayam
pintinho

ayam betina
galinha

ayam jantan muda
galo

tikus
ratazana

kucing
gato

tikus
camundongo

lembu jantan
boi

anjing
cachorro

rumah anjing
casinha do cachorro

hos taman
mangueira de jardim

bekas siraman
regador

sabit
foice

bajak
arado

sabit

foice

cangkul

enxada

serampang peladang

forquilha

kapak

machado

kereta sorong

carrinho de mão

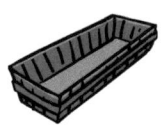

palung

manjedoura

tin susu

jarra de leite

karung

saco

pagar

cerca

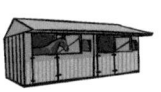

stabil

estábulo

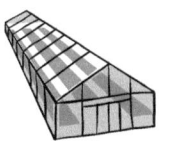

rumah hijau

estufa

tanah

solo

benih

semente

baja

fertilizante

jentuai

colheitadeira

tuai

colher

menuai

colheita

keladi

inhame

gandum

trigo

soya

soja

kentang

batata

jagung

milho

biji sawi

colza

pokok buah-buahan

árvore frutífera

ubi kayu

mandioca

bijirin

cereais

rumah

casa

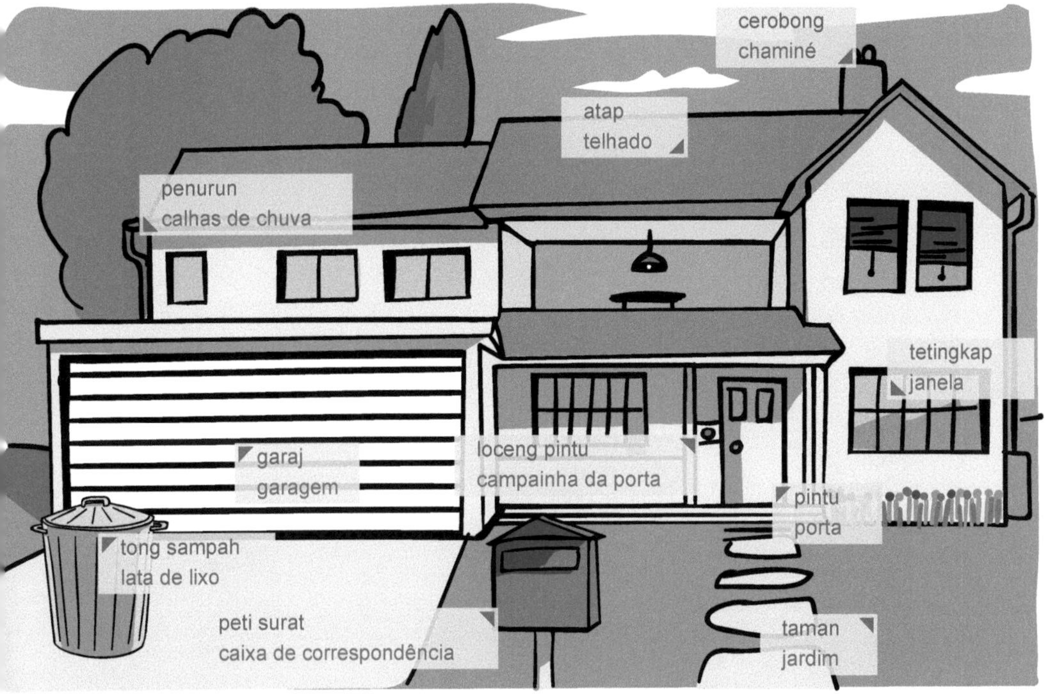
cerobong
chaminé
atap
telhado
penurun
calhas de chuva
tetingkap
janela
garaj
garagem
loceng pintu
campainha da porta
pintu
porta
tong sampah
lata de lixo
peti surat
caixa de correspondência
taman
jardim

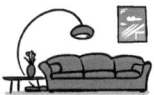

ruang tamu

sala de estar

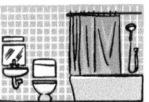

bilik air

banheiro

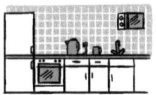

dapur

cozinha

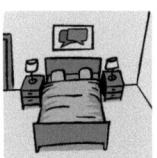

bilik tidur

quarto de dormir

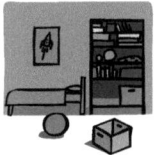

bilik kanak-kanak

quarto de criança

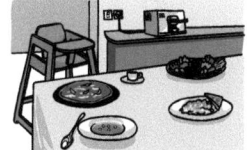

ruang makan

sala de jantar

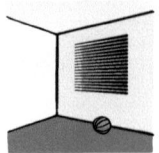

lantai
chão

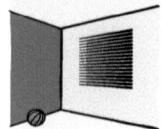

dinding
parede

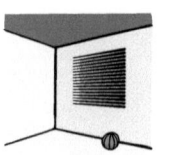

siling
teto

bilik bawah tanah
porão

sauna
sauna

balkoni
varanda

teres
terraço

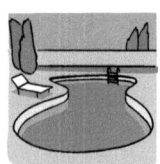

kolam renang
piscina

pemotong rumput
cortador de grama

lembaran
lençol

penutup tilam
coberta

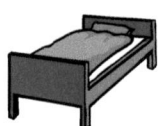

katil
cama

penyapu
vassoura

timba
balde

suis
interruptor

ruang tamu
sala de estar

kertas dinding
papel de parede
gambar
quadro
lampu
lâmpada
rak
prateleira
kabinet
armário
televisyen
televisão
pendiangan
lareira
bunga
flor
kusyen
travesseiro
sofa
sofá
pasu
vaso
alat kawalan jauh
controle remoto

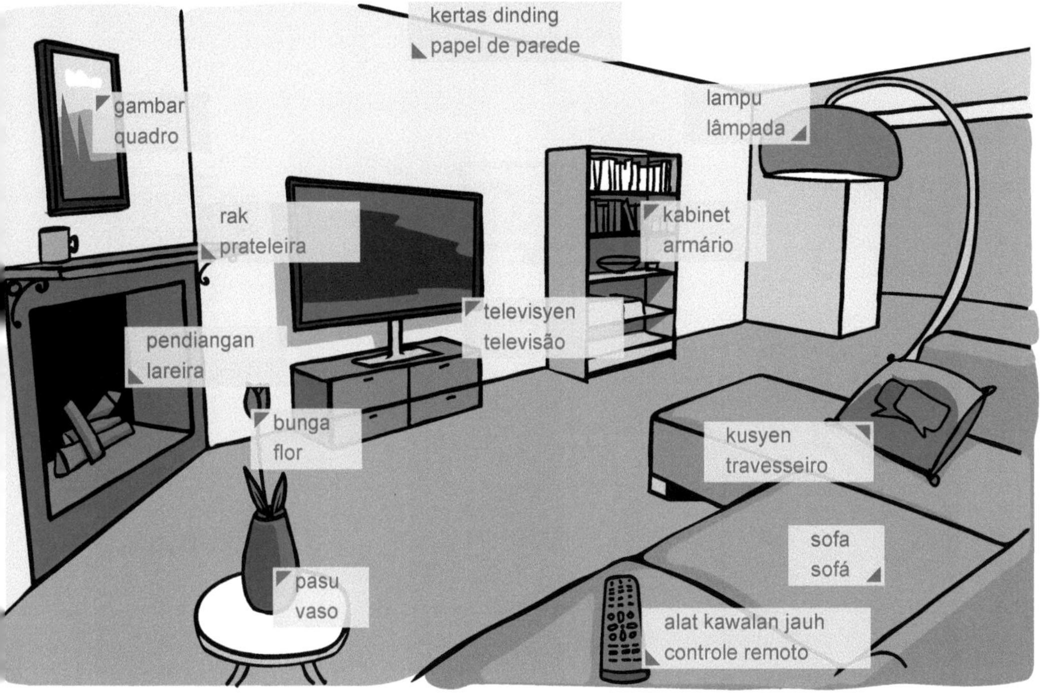

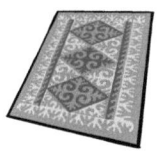

permaidani
tapete

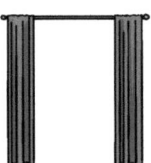

tirai
cortina

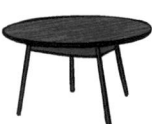

meja
mesa

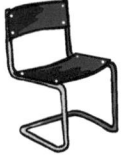

kerusi
cadeira

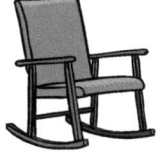

kerusi malas
cadeira de balanço

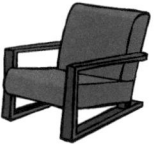

kerusi
poltrona

buku

livro

selimut

cobertor

hiasan

decoração

kayu api

lenha

filem

filme

hi-fi

equipamento de som

kunci

chave

akhbar

jornal

lukisan

pintura

poster

pôster

radio

rádio

buku catatan

bloco de notas

penyedut habuk

aspirador

kaktus

cacto

lilin

vela

dapur
cozinha

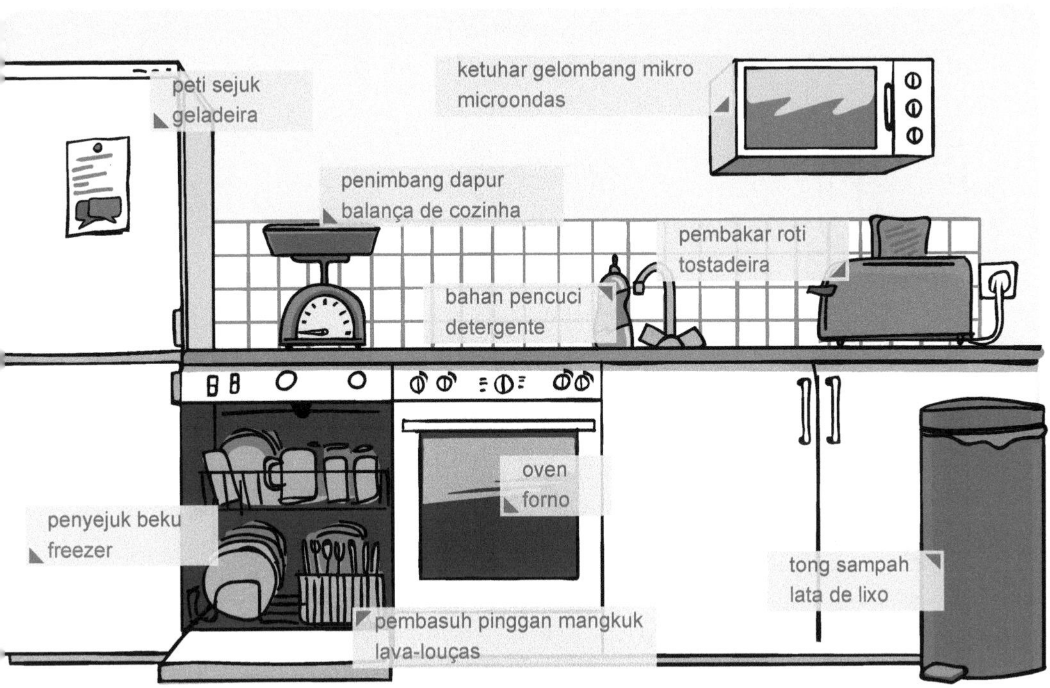

peti sejuk
geladeira
ketuhar gelombang mikro
microondas
penimbang dapur
balança de cozinha
pembakar roti
tostadeira
bahan pencuci
detergente
oven
forno
penyejuk beku
freezer
tong sampah
lata de lixo
pembasuh pinggan mangkuk
lava-louças

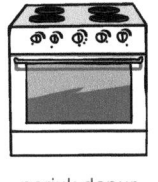

periuk dapur

fogão

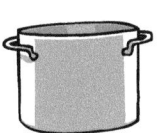

periuk

panela

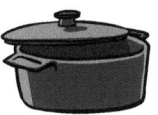

periuk besi

panela de ferro

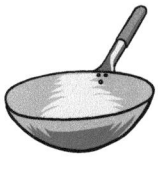

kuali

wok / kadai

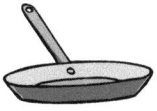

pan

frigideira

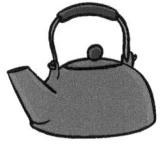

cerek

chaleira

pengukus

panela a vapor

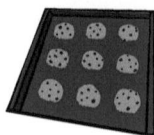

dulang pembakar

tabuleiro de forno

pinggan mangkuk

louça

koleh

caneca

mangkuk

caçarola

penyepit

hashi

senduk

concha de sopa

spatula

espátula

pengadun

batedor

penapis

escorredor

ayak

peneira

pemarut

ralador

mortar

almofariz

barbeku

churrasqueira

pembakaran terbuka

lareira

papan pencincang

tábua de cortar

pin golekan

rolo da massa

skru gabus

saca-rolhas

tin

lata

pembuka tin

abridor de latas

pemegang periuk

pegador de panela

sinki

pia

berus

escova

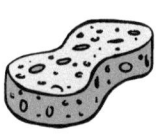

span

esponja

pengisar

liquidificador

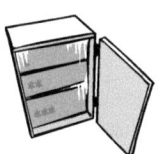

penyejuk beku

congelador

botol bayi

mamadeira

paip

torneira

bilik air
banheiro

mandi
ducha
pemanasan
aquecimento
tuala
toalha
tirai mandi
cortina de chuveiro
mandi buih
banho de espuma
tab mandi
banheira
gelas
copo
mesin basuh
lava-roupa
paip
torneira
jubin
azulejos
tandas
penico
sinki
pia

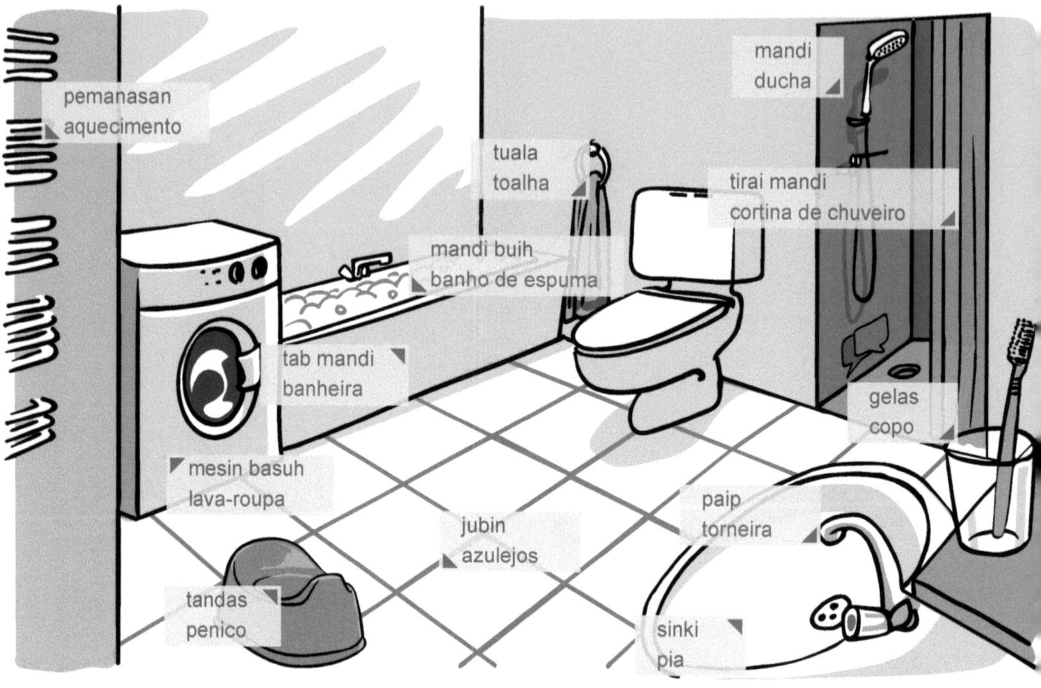

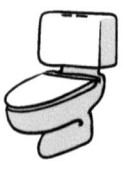

tandas

vaso sanitário

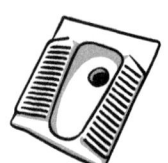

tandas mencangkung

lavabo de agachar

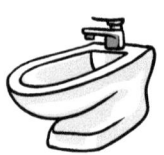

mangkuk tandas

bidê

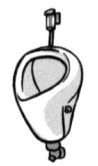

tandas awam

mictório

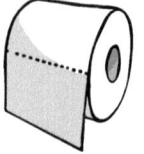

kertas tandas

papel higiênico

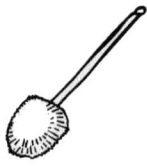

berus tandas

escova de privada

berus gigi

escova de dentes

ubat gigi

pasta de dentes

flos gigi

fio dental

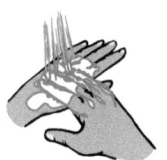

cuci

lavar

mandian tangan

ducha de mão

pancuran

ducha íntima

besen

bacia

belakang berus

escova para as costas

sabun

sabonete

gel mandian

gel de banho

syampu

xampu

flanel

toalha de rosto

longkang

escoamento

krim

creme

deodoran

desodorante

cermin

espelho

cermin tangan

espelho de mão

pisau cukur

barbeador

busa cukur

espuma de barbear

selepas cukur

loção pós-barba

sikat

pente

berus

escova

pengering rambut

secador de cabelo

semburan rambut

spray de cabelo

mekap

maquiagem

gincu

batom

varnis kuku

esmalte de unhas

bulu kapas

algodão

gunting kuku

tesoura para unhas

pewangi

perfume

beg basuhan

nécessaire

bangku

banquinho

skala berat

balança

jubah mandi

roupão de banho

sarung tangan getah

luvas de borracha

kapas

absorvente interno

tuala wanita

absorvente íntimo

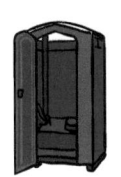

tandas kimia

banheiro químico

bilik kanak-kanak
quarto de criança

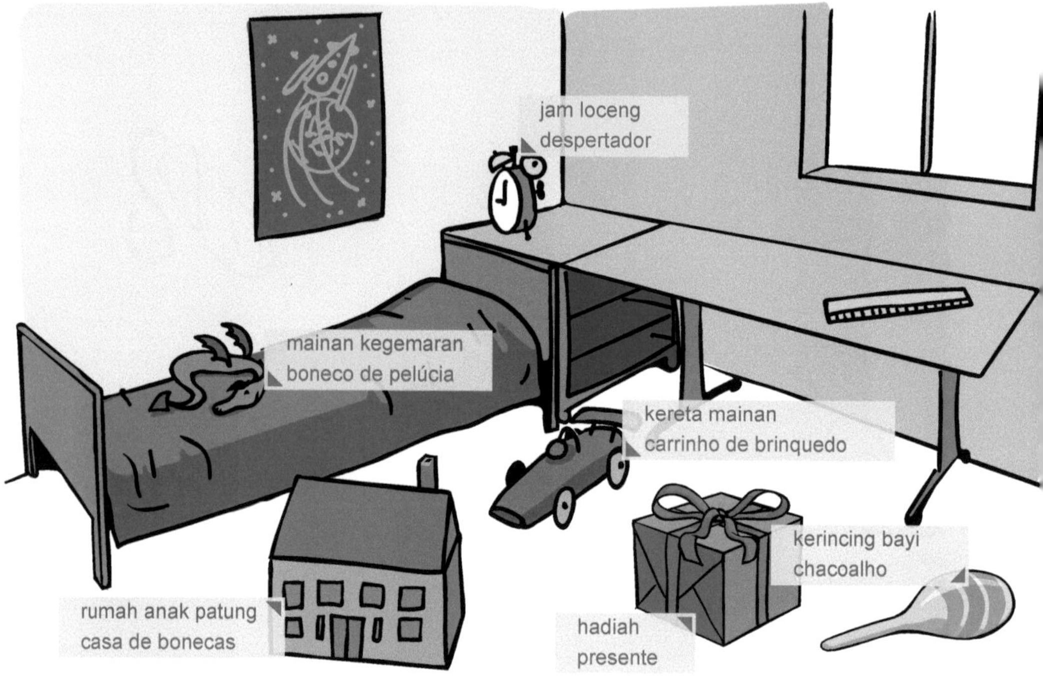
jam loceng
despertador
mainan kegemaran
boneco de pelúcia
kereta mainan
carrinho de brinquedo
kerincing bayi
chacoalho
rumah anak patung
casa de bonecas
hadiah
presente

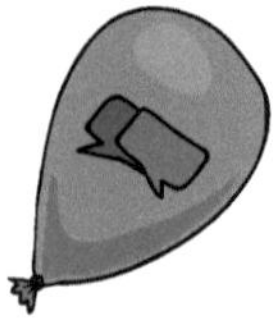

belon

balão

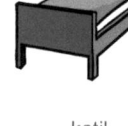

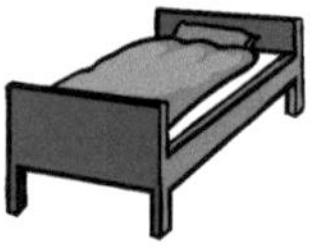

katil

cama

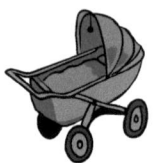

kereta sorong bayi

carrinho de bebê

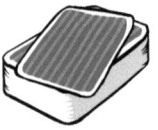

set kad

jogo de cartas

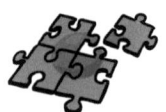

susun suai gambar

quebra-cabeças

SUPER
MEGA

komik

revista de quadrinhos

batu bata lego

peças de Lego

blok mainan

blocos de construção

figura aksi

figura de ação

baju bayi

macaquinho de bebê

frisbee

frisbee

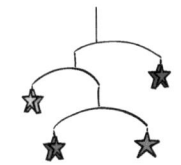

mainan bayi mudah alih

móbile para bebé

permainan papan

jogo de tabuleiro

dadu

dados

set model kereta api

trenzinho elétrico

palsu

chupeta

parti

festa

buku bergambar

livro ilustrado

bola

bola

anak patung

boneca

main

brincar

lubang pasir

caixa de areia

buai

balanço

mainan

brinquedos

konsol permainan video

videogame

basikal roda tiga

triciclo

anak patung beruang

ursinho de pelúcia

almari pakaian

guarda-roupa

pakaian

vestuário

stoking

meias

stoking

meias pelo joelho

ketat

meias-calças

skarf
cachecol

payung
guarda-chuva

kemeja-t
camiseta

g/keselamatan

but
botas

selipar
chinelos

kasut sukan
tênis

sandal
sandálias

kasut
sapatos

but getah
botas de borracha

seluar dalam
roupa de baixo

coli
sutiã

ves
camiseta de baixo

badan
body

Seluar panjang
calças

jean
jeans

skirt
saia

blaus
blusa

kemeja
camisa

baju panas sarung
pulôver

sweater
suéter com capuz

blazer
blazer

jaket
jaqueta

kot
casaco

baju hujan
gabardine

kostum
traje

pakaian
vestido

baju pengantin
vestido de casamento

sut

terno

baju tidur

camisola

baju tidur

pijama

sari

sari

skarf kepala

lenço de cabeça

serban

turbante

burqa

burca

kaftan

cafetã

abaya/jubah

abaya

baju renang

maiô

seluar renang

sunga

seluar pendek

shorts

sut balapan

roupa de treino

apron

avental

sarung tangan

luvas

butang
botão

cermin mata
óculos

gelang tangan
pulseira

rantai leher
colar

cincin
anel

subang
brinco

topi
boné

penyangkut kot
cabide

topi
chapéu

tali leher
gravata

zip
zíper

topi keledar
capacete

pendakap
suspensórios

uniform sekolah
uniforme escolar

seragam
uniforme

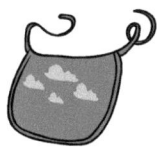

lapik dada

babador

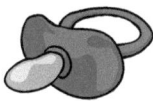

palsu

chupeta

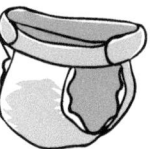

lampin

fralda

pejabat

escritório

pelayan
servidor
kabinet fail
armário de arquivos
mesin pencetak
impressora
kertas
papel
monitor
monitor
tetikus
mouse
meja
escrivaninha
folder
pasta
papan kekunci
teclado
kerusi
cadeira
bakul sampah
cesto de lixo
komputer
computador

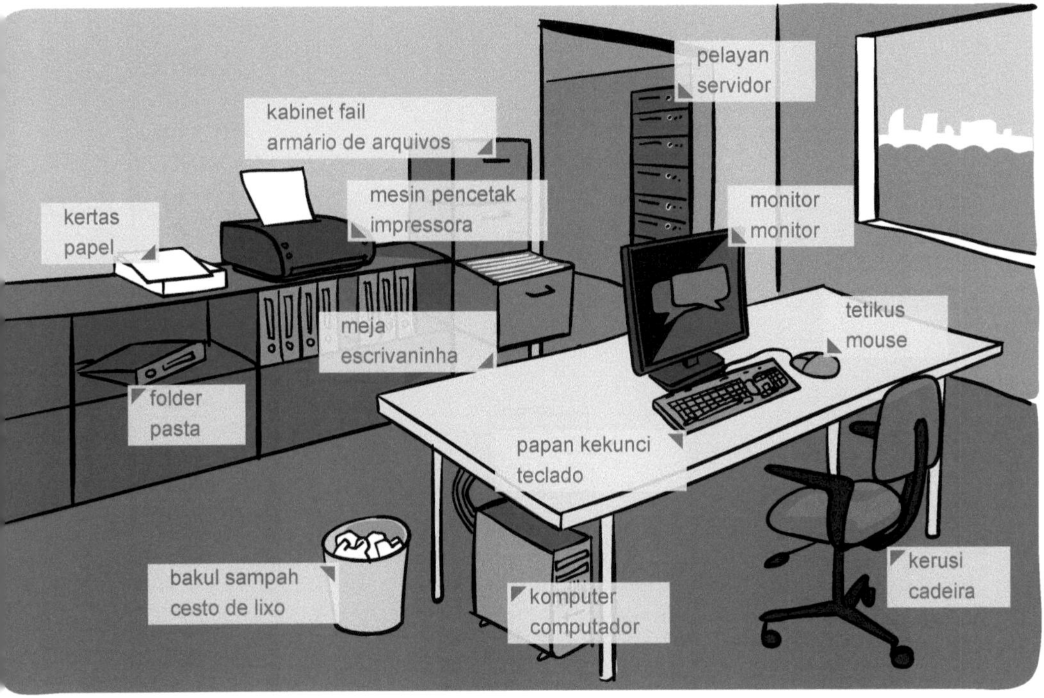

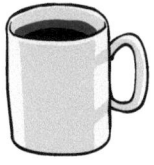

cawan kopi

xícara de café

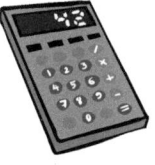

kalkulator

calculadora

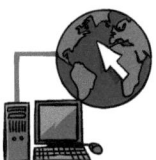

internet

internet

komputer riba
laptop

surat
carta

mesej
mensagem

mudah alih
celular

rangkaian
rede

mesin fotokopi
copiadora

perisian
software

telefon
telefone

soket plag
tomada

mesin faks
fax

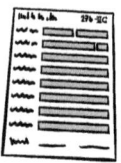

bentuk
formulário

dokumen
documento

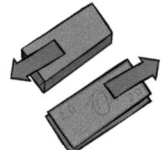

beli

comprar

bayar

pagar

berdagang

negociar

wang

dinheiro

dolar

Dólar

euro

Euro

yen

Yen

rubel

rublo

franc swiss

franco suíço

renminbi yuan

renminbi yuan

rupee

rupia

mata tunai

caixa eletrônico

pejabat tukaran mata wang

casa de câmbio

emas

ouro

perak

prata

minyak

petróleo

tenaga

energia

harga

preço

kontrak

contrato

cukai

imposto

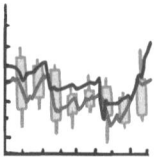

stok

ação

kerja

trabalhar

pekerja

empregado

majikan

empregador

kilang

fábrica

kedai

loja

pekerjaan
profissões

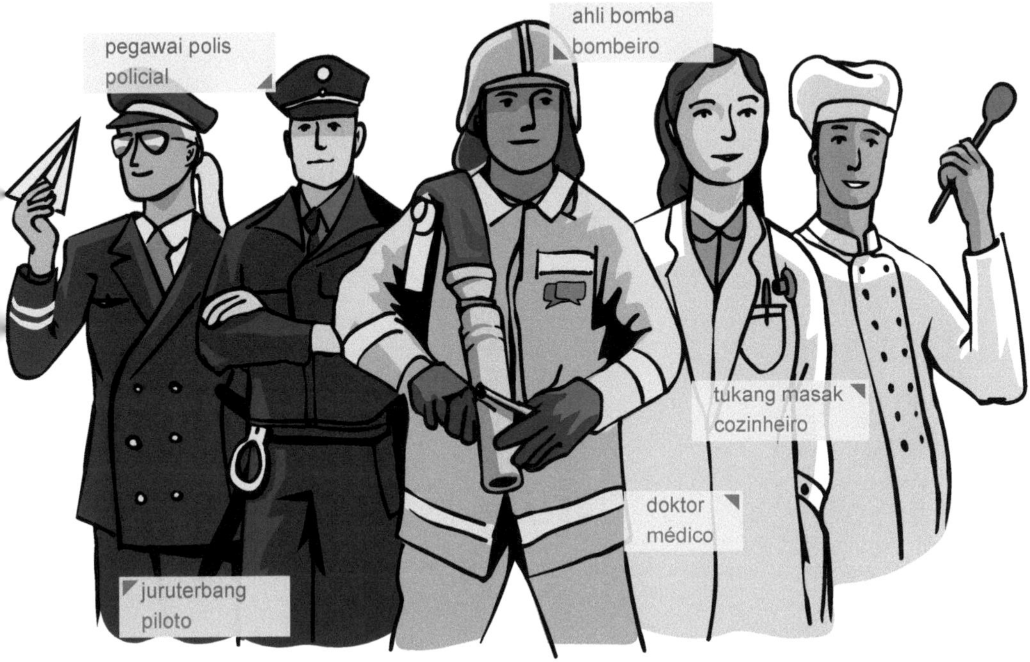

ahli bomba
bombeiro
pegawai polis
policial
tukang masak
cozinheiro
doktor
médico
juruterbang
piloto

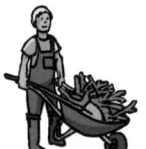

tukang kebun

jardineiro

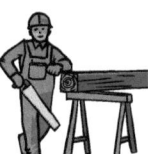

tukang kayu

marceneiro

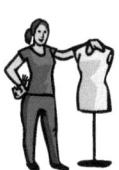

tukang jahit

costureira

hakim

juiz

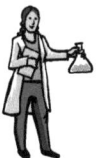

ahli kimia

químico

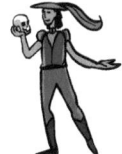

pelakon

ator

pemandu bas

motorista de ônibus

pemandu teksi

motorista de táxi

nelayan

pescador

wanita pencuci

faxineira

kasau

telhador

pelayan

garçom

pemburu

caçador

pelukis

pintor

bakeri

padeiro

juruelektrik

eletricista

pembangun

construtor

jurutera

engenheiro

penjual daging

açougueiro

tukang paip

encanador

posmen

carteiro

askar

soldado

arkitek

arquiteto

juruwang

caixa

kedai bunga

florista

pendandan rambut

cabelereiro

konduktor

condutor

mekanik

mecânico

kapten

capitão

doktor gigi

dentista

ahli sains

cientista

tuhanku

rabino

imam

imam

sami

monge

paderi

pastor

alat

ferramentas

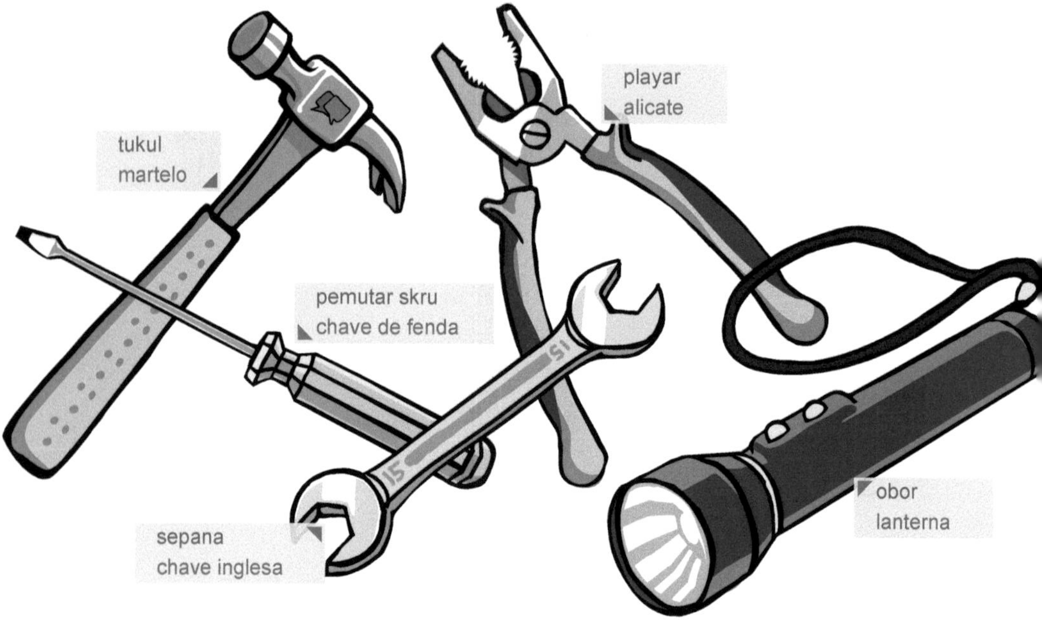

tukul
martelo
playar
alicate
pemutar skru
chave de fenda
sepana
chave inglesa
obor
lanterna

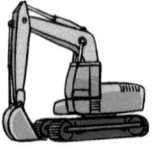

pengorek

escavadora

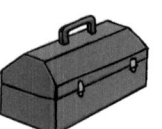

kotak peralatan

caixa de ferramentas

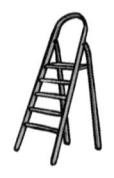

tangga

escada de mão

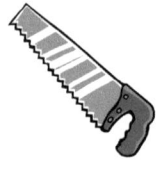

gergaji

serra

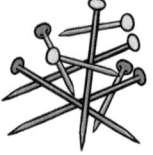

kuku

pregos

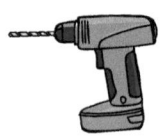

gerudi

furadeira

baiki
consertar

penyodok
pá

Celaka!
Droga!

penadah sampah
pá de lixo

periuk cat
pote de tinta

skru
parafusos

alat muzik
instrumentos musicais

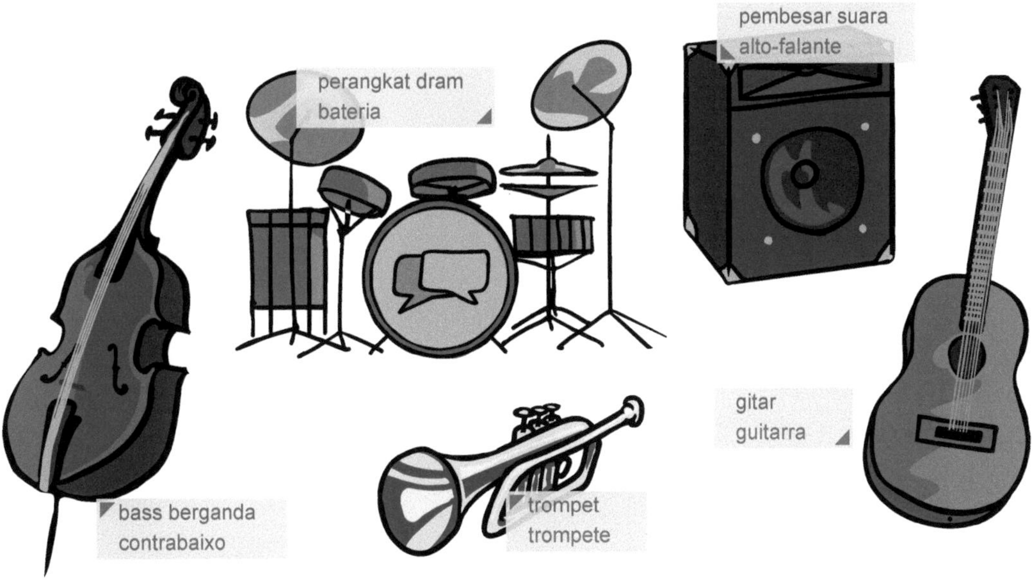

perangkat dram
bateria

pembesar suara
alto-falante

gitar
guitarra

bass berganda
contrabaixo

trompet
trompete

piano
piano

biola
violino

bass
baixo

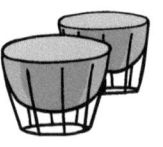

timpani
timbales

dram
tambor

papan kekunci
teclado

saksofon
saxofone

seruling
flauta

mikrofon
microfone

zoo

zoológico

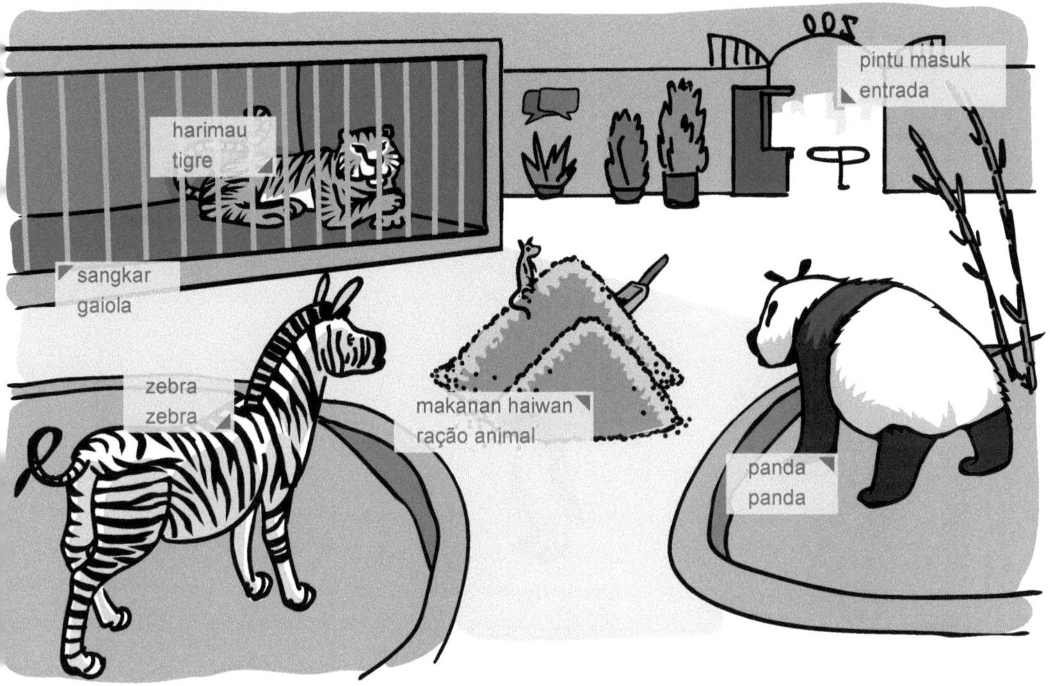

pintu masuk
entrada
harimau
tigre
sangkar
gaiola
zebra
zebra
makanan haiwan
ração animal
panda
panda

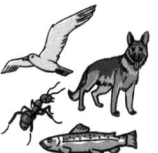

haiwan

animais

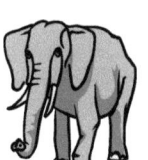

gajah

elefante

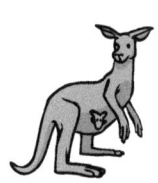

kanggaru

canguru

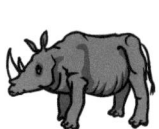

badak sumbu

rinoceronte

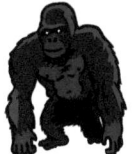

gorila

gorila

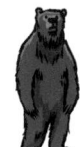

beruang

urso

unta

camelo

burung unta

avestruz

singa

leão

monyet

macaco

flamingo

flamingo

nuri

papagaio

beruang kutub

urso polar

penguin

pinguim

yu

tubarão

merak

pavão

ular

cobra

buaya

crocodilo

penjaga zoo

guarda do zoológico

anjing laut

foca

jaguar

jaguar

kuda

pônei

harimau

leopardo

badak air

hipopótamo

zirafah

girafa

helang

águia

babi jantan

javali

ikan

peixe

penyu

tartaruga

anjing laut

morsa

musang

raposa

rusa

gazela

bola sepak Amerika
futebol americano

berbasikal
ciclismo

tenis
tênis

bola keranjang
basquete

renang
natação

hoki ais
hóquei no gelo

tinju
boxe

bola sepak
futebol

badminton
badminton

olahraga
atletismo

bola baling
handebol

ski
esqui

polo
polo

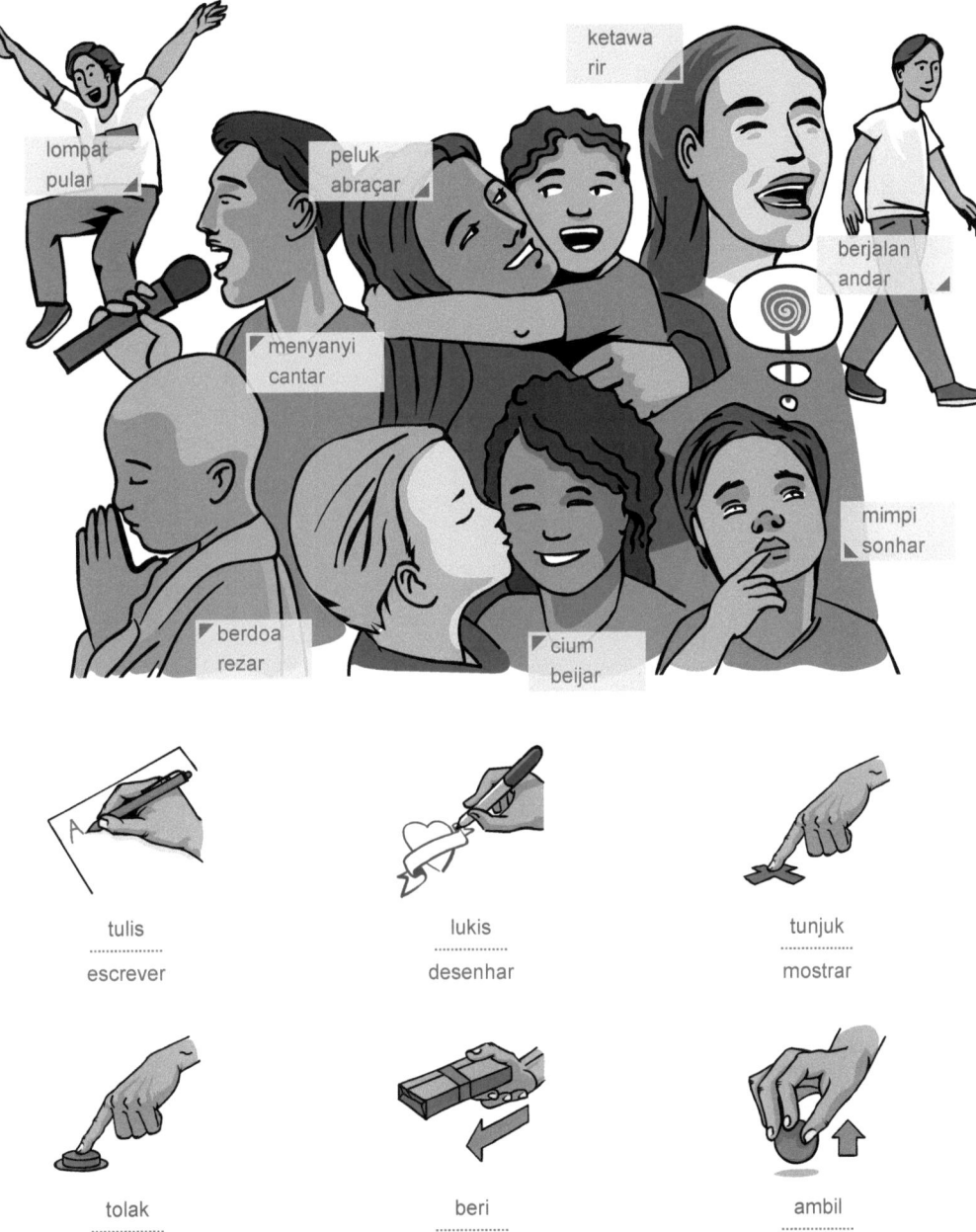

ketawa
rir

lompat
pular

peluk
abraçar

berjalan
andar

menyanyi
cantar

mimpi
sonhar

berdoa
rezar

cium
beijar

tulis	lukis	tunjuk
escrever	desenhar	mostrar
tolak	beri	ambil
empurrar	dar	tomar

ada
ter

buat
fazer

ialah
ser

berdiri
ficar de pé

lari
correr

tarik
puxar

buang
jogar

jatuh
cair

tipu
deitar

tunggu
esperar

bawa
carregar

duduk
sentar

pakai
vestir

tidur
dormir

bangkit
despertar

lihat pada

olhar para

menangis

chorar

strok

acariciar

sikat

pentear

cakap

falar

faham

entender

tanya

perguntar

dengar

ouvir

minum

beber

makan

comer

mengemas

arrumar

sayang

amar

masak

cozinhar

pandu

dirigir

terbang

voar

belayar

velejar

kira

calcular

baca

ler

belajar

aprender

kerja

trabalhar

nikah

casar

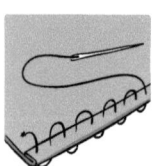

jahit

costurar

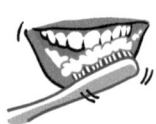

memberus gigi

escovar os dentes

bunuh

matar

asap

fumar

hantar

enviar

nenek
avó

datuk
avô

bapa
pai

ibu
mãe

bayi
bebê

anak perempuan
filha

anak lelaki
filho

tetamu

convidado

mak cik

tia

pak cik

tio

abang

irmão

kakak

irmã

badan

corpo

dahi
testa
mata
olho
muka
rosto
dagu
queixo
dada
peito
jari
dedo
tangan
mão
lengan
braço
bahu
ombro
kaki
perna

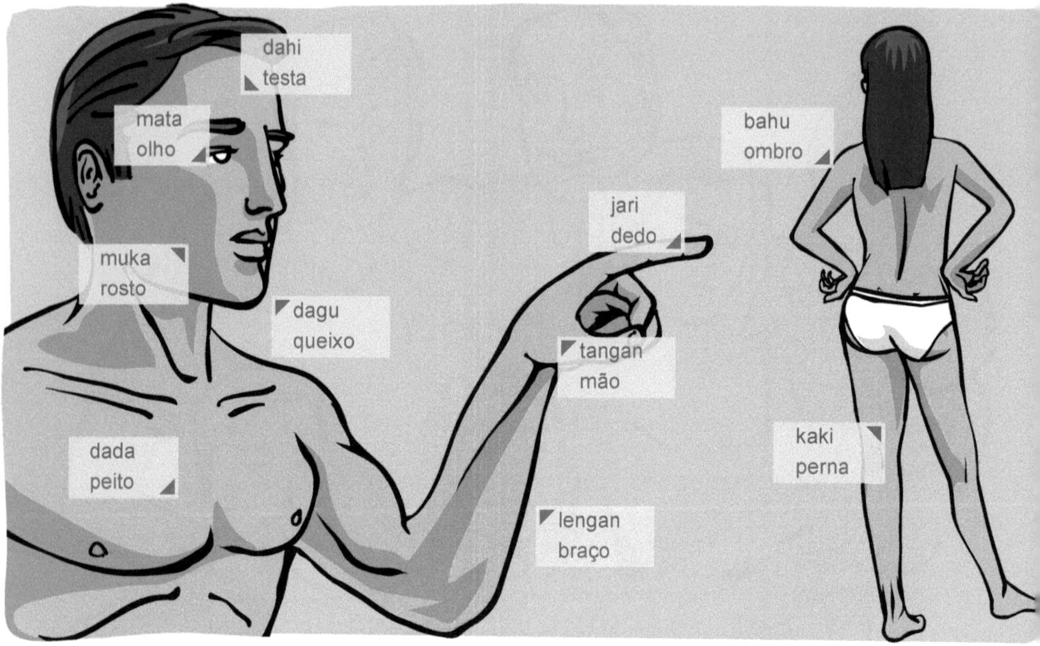

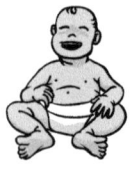

bayi

bebê

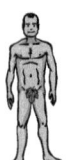

lelaki

homem

wanita

mulher

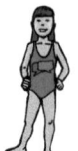

perempuan

menina

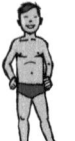

lelaki

menino

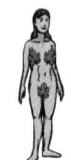

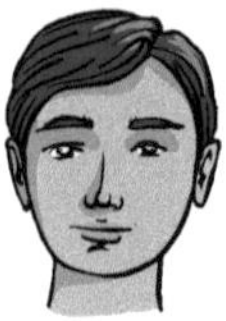

kepala

cabeça

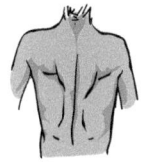

belakang

costas

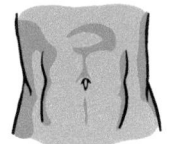

bawah perut

barriga

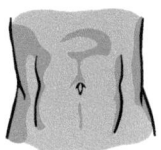

pusat

umbigo

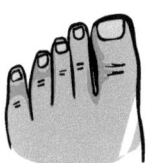

jari kaki

dedo do pé

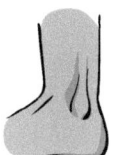

tumit

calcanhar

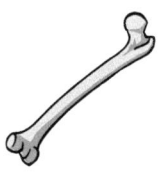

tulang

osso

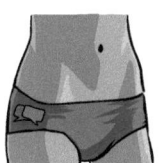

pinggul

anca

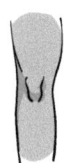

lutut

joelho

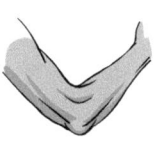

siku

cotovelo

hidung

nariz

bawah

nádegas

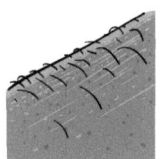

kulit

pele

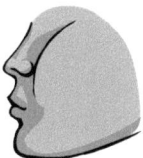

pipi

bochecha

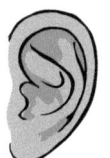

telinga

orelha

bibir

lábio

mulut

boca

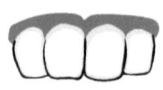

gigi

dente

lidah

língua

otak

cérebro

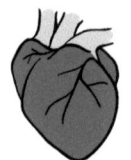

hati

coração

otot

músculo

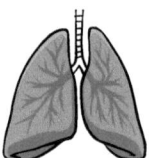

paru-paru

pulmão

hati

fígado

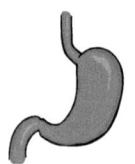

perut

estômago

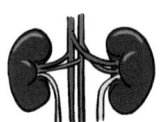

buah pinggang

rins

seks

relações sexuais

kondom

preservativo

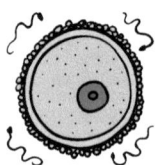

faraj

óvulo

mani

esperma

mengandung

gravidez

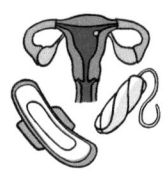

haid

menstruação

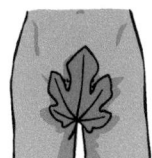

faraj

vagina

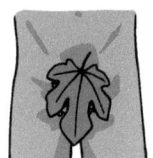

penis

pênis

kening

sobrancelha

rambut

cabelo

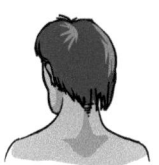

leher

pescoço

hospital
hospital

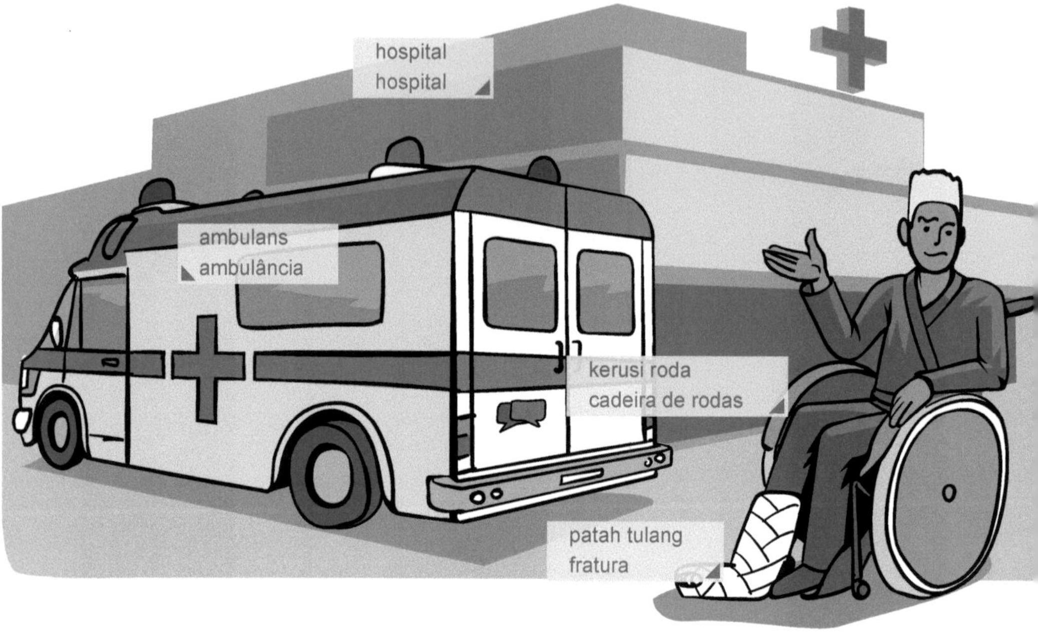

hospital
hospital
ambulans
ambulância
kerusi roda
cadeira de rodas
patah tulang
fratura

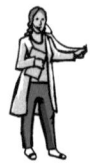

doktor

médico

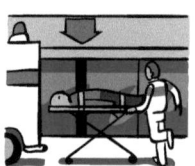

bilik kecemasan

pronto-socorro

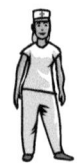

jururawat

enfermeira

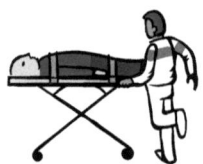

kecemasan

emergência

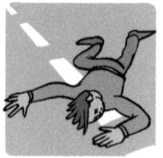

tak sedar

inconsciente

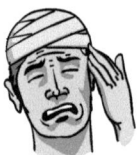

sakit

dor

kecederaan

ferimento

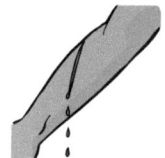

pendarahan

hemorragia

serangan jantung

ataque cardíaco

strok

acidente vacular cerebral

alergi

alergia

batuk

tosse

demam

febre

selesema

gripe

cirit-birit

diarreia

sakit kepala

dor de cabeça

kanser

câncer

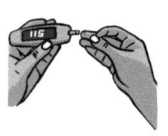

diabetes

diabetes

pakar bedah

cirurgião

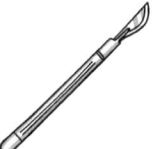

pisau bedah

bisturi

pembedahan

operação

CT
CT

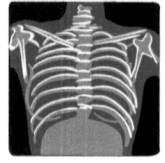

x-ray
raio x

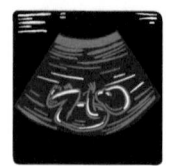

ultrabunyi
ultrassom

topeng muka
máscara

penyakit
doença

bilik menunggu
sala de espera

penongkat
muleta

plaster
bandeide

pembalut
ligadura

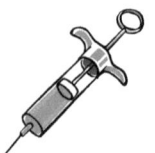

suntikan
injeção

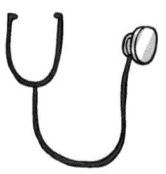

stetoskop
estetoscópio

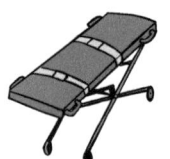

pengusung
maca

termometer klinik
termômetro

kelahiran
nascimento

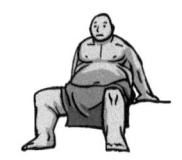

berat badan berlebihan
excesso de peso

alat pendengaran

aparelho auditivo

disinfektan

desinfetante

jangkitan

infecção

virus

vírus

HIV / AIDS

HIV / AIDS

perubatan

medicamento

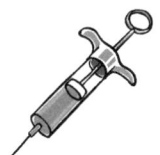

vaksinasi

vacinação

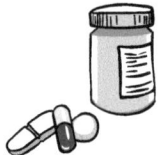

tablet

comprimidos

pil

pílula

panggilan kecemasan

chamada de emergência

pantau tekanan darah

dispositivo de medição de
pressão arterial

sakit / sihat

doente / saudável

Tolong!

Socorro!

penggera

alarme

serang

assalto

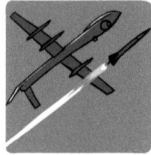

serangan

ataque

bahaya

perigo

pintu kecemasan

saída de emergência

Api!

Fogo!

alat pemadam api

extintor de incêndios

kemalangan

acidente

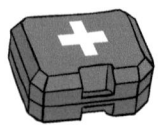

alat pertolongan cemas

maleta de primeiros
socorros

SOS

SOS

polis

polícia

Eropah

Europa

Amerika Utara

América do Norte

Amerika Selatan

América do Sul

Afrika

África

Asia

Ásia

Australia

Austrália

Atlantic

Atlântico

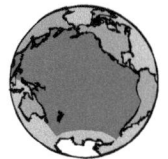

Pasifik

Pacífico

Lautan Hindi

Oceano Índico

Lautan Antartik

Oceano Antártico

Lautan Artik

Oceano Ártico

Kutub utara

Polo Norte

Kutub Selatan

Polo Sul

Antartika

Antártica

bumi

Terra

tanah

terra

laut

mar

pulau

ilha

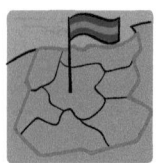

negara

nação

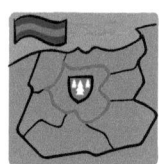

negeri

estado

muka jam

mostrador do relógio

tangan jam

ponteiro das horas

tangan minit

ponteiro dos minutos

terpakai

ponteiro dos segundos

Jam berapa sekarang

Que horas são?

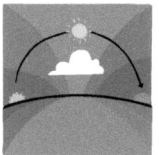

hari

dia

masa

tempo

sekarang

agora

jam digital

relógio digital

minit

minuto

jam

hora

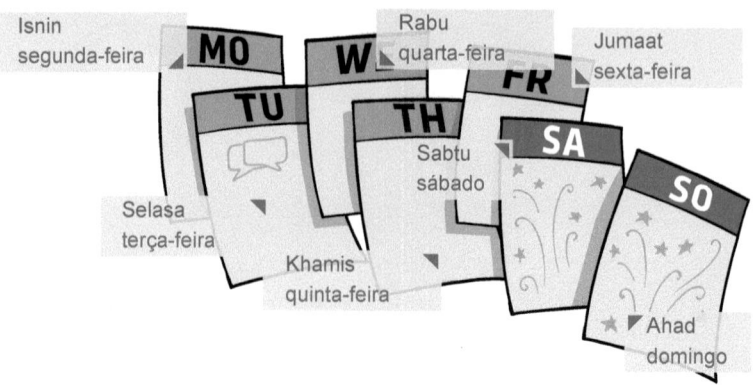

Isnin
segunda-feira

Rabu
quarta-feira

Jumaat
sexta-feira

Selasa
terça-feira

Sabtu
sábado

Khamis
quinta-feira

Ahad
domingo

semalam

ontem

hari ini

hoje

esok

amanhã

pagi

manhã

tengah hari

meio-dia

petang

entardecer

MO	TU	WE	TH	FR	SA	SU
1	2	3	4	5	6	7
8	9	10	11	12	13	14
15	16	17	18	19	20	21
22	23	24	25	26	27	28
29	30	31	1	2	3	4

hari kerja

dias úteis

MO	TU	WE	TH	FR	SA	SU
1	2	3	4	5	6	7
8	9	10	11	12	13	14
15	16	17	18	19	20	21
22	23	24	25	26	27	28
29	30	31	1	2	3	4

hari minggu

fim de semana

tahun

ano

hujan
chuva
pelangi
arco-íris
angin
vento
salji
neve
musim bunga
primavera
musim luruh
outono
musim panas
verão
musim salji
inverno

4.APRIL 11°
5.APRIL 4°
6.APRIL 13°
7.APRIL 8°
8.APRIL 10°

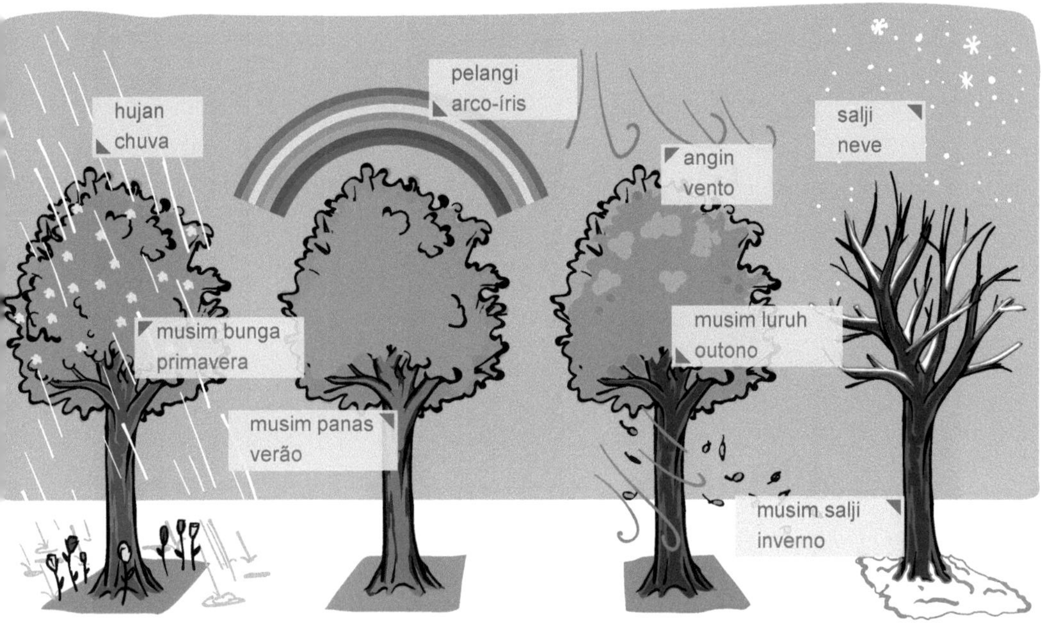

ramalan cuaca

previsão do tempo

F
C
120
90
60
30
0
-30
40
30
20
10
0
-10
-20

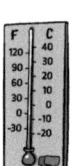

termometer

termômetro

sinar matahari

raio de sol

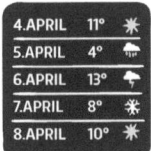

awan

nuvem

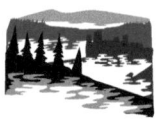

kabus

neblina / nevoeiro

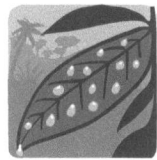

lembapan

umidade do ar

kilat

relâmpago

petir

trovão

ribut

tempestade

hujan batu

granizo

monsun

monção

banjir

inundação

ais

gelo

Januari

janeiro

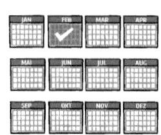

Februari

fevereiro

Mac

março

April

abril

Mei

maio

Jun

junho

Julai

julho

Ogos

agosto

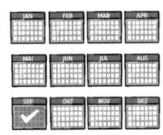

September
....
setembro

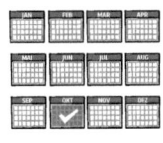

Oktober
....
outubro

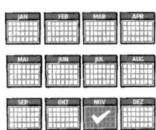

November
....
novembro

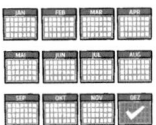

Disember
....
dezembro

bulatan
....
círculo

petak
....
quadrado

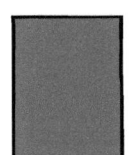

segi empat tepat
....
retângulo

segitiga
....
triângulo

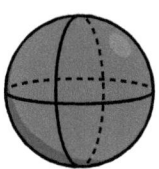

sfera
....
esfera

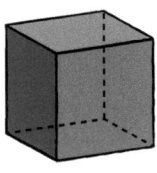

kiub
....
cubo

putih

branco

kuning

amarelo

oren

laranja

merah jambu

rosa

merah

vermelho

ungu

lilás

biru

azul

hijau

verde

coklat

marrom

kelabu

cinza

hitam

preto

banyak / sedikit

muito / pouco

marah / tenang

furioso / tranquilo

cantik / hodoh

lindo / feio

bermula / tamat

começo / fim

besar kecil

grande / pequeno

terang / gelap

claro / escuro

abang / kakak

irmão / irmã

bersih / kotor

limpo / sujo

lengkap / tidak lengkap

completo / incompleto

hari / malam

dia / noite

mati / hidup

morto / vivo

luas / sempit

largo / estreito

boleh dimakan / tidak boleh dimakan

comestível / não comestível

jahat / baik

mau / gentil

teruja / bosan

entusiasmado / entediado

gemuk / kurus

gordo / magro

pertama / terakhir

primeiro / último

kawan / musuh

amigo / inimigo

penuh / kosong

cheio / vazio

keras / lembut

duro / macio

berat / ringan

pesado / leve

lapar / dahaga

fome / sede

sakit / sihat

doente / saudável

menyalahi undang-undang / undang-undang

ilegal / legal

pintar / bodoh

inteligente / idiota

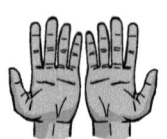

kiri / kanan

esquerda / direita

dekat / jauh

perto / longe

baru / lama
novo / usado

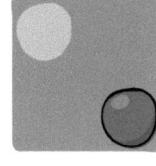

tiada / sesuatu
nada / alguma coisa

tua / muda
velho / jovem

hidup / mati
ligado / desligado

terbuka / tertutup
aberto / fechado

diam / bising
baixo / alto

kaya / miskin
rico / pobre

betul / salah
certo / errado

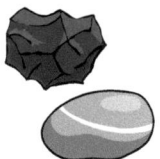

kasar / halus
áspero / liso

sedih / gembira
triste / feliz

pendek / panjang
curto / longo

lambat / laju
lento / rápido

basah / kering
molhado / seco

panas / sejuk
ameno / fresco

berperang / berdamai
guerra / paz

números

0	**1**	**2**
sifar	satu	dua
zero	um	dois
3	**4**	**5**
tiga	empat	lima
três	quatro	cinco
6	**7**	**8**
enam	tujuh	lapan
seis	sete	oito
9	**10**	**11**
sembilan	sepuluh	sebelas
nove	dez	onze

12

dua belas

doze

13

tiga belas

treze

14

empat belas

quatorze

15

lima belas

quinze

16

enam belas

dezesseis

17

tujuh belas

dezessete

18

lapan belas

dezoito

19

Sembilan belas

dezenove

20

dua puluh

vinte

100

ratus

cem

1.000

ribu

mil

1.000.000

juta

milhão

Bahasa Inggeris

inglês

Bahasa Inggeris Amerika

inglês americano

Bahasa Cina Mandarin

chinês mandarim

Bahasa Hindi

hindi

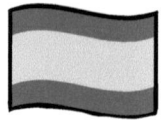

Bahasa Sepanyol

espanhol

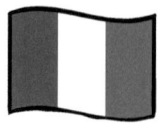

Bahasa Perancis

francês

Bahasa Arab

árabe

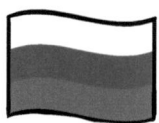

Bahasa Rusia

russo

Bahasa Portugis

português

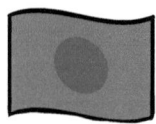

Bahasa Benggali

bengalês

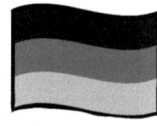

Bahasa Jerman

alemão

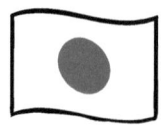

Bahasa Jepun

japonês

saya

eu

anda

você

dia / dia / ia

ele / ela

kita

nós

anda

vocês

mereka

eles / elas

siapa?

quem?

apa?

O quê?

bagaimana?

como?

di mana?

onde?

bila?

Quando?

nama

nome

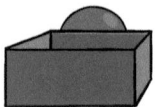

belakang

atrás

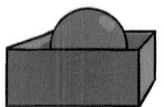

dalam

em

di hadapan

na frente de

lebih

sobre

pada

em cima

di bawah

debaixo

bersebelahan

do lado

antara

entre

tempat

lugar